了不起的中国非遗

建筑

美术宝·编著

化学工业出版社
·北京·

内 容 简 介

《了不起的中国非遗 建筑》以官式古建筑技艺传承人李永革老师回忆修复北京故宫的日子为引，展开了中国非物质文化遗产名录中著名建筑项目的介绍。从金碧辉煌的紫禁城，到江南风情的苏州园林，又来到充满家族团结氛围的客家土楼，最后回到北京四合院。无比彰显了古代匠人们的智慧与信念。

在没有机械辅助的时期，大型建筑的营造需要花费数年的时间，以及不可估量的劳力投入。但是如此庞大的工程，并未让我们的传统建筑有一丝一毫的粗糙感，反而在一窗一瓦间尽显精致。在我们感叹非遗项目技艺精湛的同时，更应体会到传统文化中的稳与静，这也许就是非遗的魅力所在。

图书在版编目（CIP）数据

了不起的中国非遗 . 建筑 / 美术宝编著 . —北京：化学工业出版社，2023.10
ISBN 978-7-122-43786-0

Ⅰ.①了… Ⅱ.①美… Ⅲ.①建筑 – 非物质文化遗产 – 中国 – 青少年读物 Ⅳ.① G122-49

中国国家版本馆 CIP 数据核字（2023）第 125019 号

责任编辑：丰　华　李　娜　　　　　　文字编辑：郭　阳
责任校对：宋　夏　　　　　　　　　　封面设计：史利平

出版发行：化学工业出版社（北京市东城区青年湖南街13号　邮政编码100011）
印　　装：北京尚唐印刷包装有限公司
787mm×1092mm　1/12　印张 5$\frac{1}{2}$　字数 200 千字　2024 年 3 月北京第 1 版第 1 次印刷

购书咨询：010-64518888　　　　　　　售后服务：010-64518899
网　　址：http://www.cip.com.cn

凡购买本书，如有缺损质量问题，本社销售中心负责调换。

定　　价：55.00元　　　　　　　　　　　　　　　　　版权所有　违者必究

前 言

非物质文化遗产是什么？

是指各族人民世代相传，并视为其文化遗产组成部分的各种传统文化表现形式，以及与传统文化表现形式相关的实物和场所。非物质文化遗产是一个国家和民族历史文化成就的重要标志，是优秀传统文化的重要组成部分。通过对具有历史、文学、艺术、科学价值的非物质文化遗产的学习，可以提高审美意识，增强动脑和动手能力，激发想象力和创造力，我们都是小小传承人。

美术宝教育创始人兼 CEO

甘凌

目录

「官式古建筑营造技艺（北京故宫）」

你好呀！故宫 …………… 1

- 人物专访　李永革：修复故宫的日子 ………… 2
- 出发！前往故宫 ………… 4
- 神奇的"八大作" ………… 6
- 木作的代表——榫卯结构 ………… 8
- "小怪兽"和瓦作 ………… 10
- 故宫小相册 ………… 12

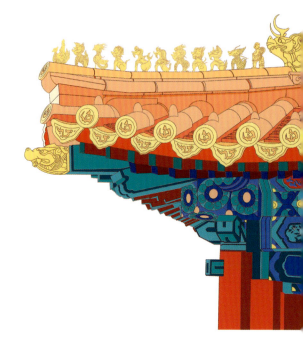

「香山帮传统建筑营造技艺」

苏州园林的旅行 …… 15

- 苏州园林的诗情画意 ………… 16
- 香山帮与世界级宝藏 ………… 18
- 一起在拙政园中找建筑吧！ ………… 20
- 巧妙的排布——造景手法 ………… 22
- 苏州园林是个植物王国 ………… 24
- 苏州园林小相册 ………… 26

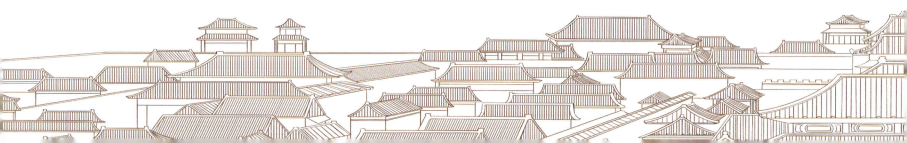

「客家土楼营造技艺」

团结的家园"土楼" …29

- 欢迎来到"土楼" …………………………… 30
- 土楼图鉴 …………………………………… 32
- 一起揭开圆形土楼的秘密 ………………… 34
- 土楼建造计划启动！ ……………………… 36
- 土楼小相册 ………………………………… 40

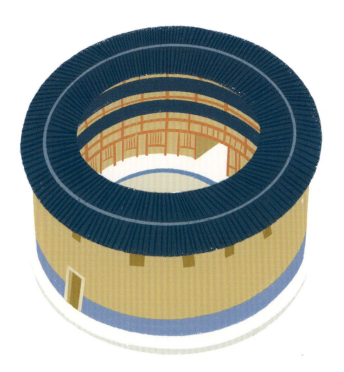

「北京四合院传统营造技艺」

天下闻名的京城四合院 …43

- 四合院的悠久历史 ………………………… 44
- 走进大门一起看看四合院吧！ …………… 46
- 四合院的种类 ……………………………… 50
- 四合院小相册 ……………………………… 52

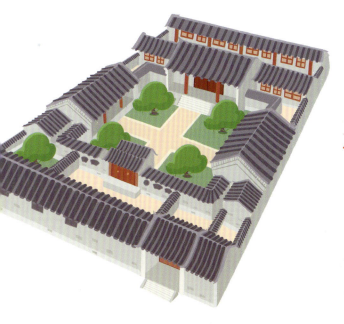

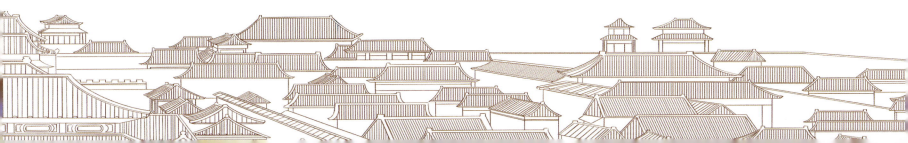

非遗档案

遗产名称：官式古建筑营造技艺（北京故宫）
公布时间：2008 年（第二批）
非遗级别：国家级
非遗类别：传统技艺
项目编号：Ⅷ-174
申报单位：故宫博物院
简　　介：故宫建成以后不断维修、改建，在这个过程中，形成了一套完整的、具有严格形制的官式古建筑营造技艺。

你好呀！故宫

· 官式古建筑营造技艺（北京故宫）·

紫禁城中一线穿，观宫看殿百千间。皇家气派余惊叹，文物古迹旷世鲜。

李永革：修复故宫的日子

李永革

北京人，北京师范大学哲学系毕业。故宫博物院古建修缮中心主任，研究馆员。国家级非物质文化遗产"官式古建筑营造技艺（北京故宫）"传承人。

人物专访

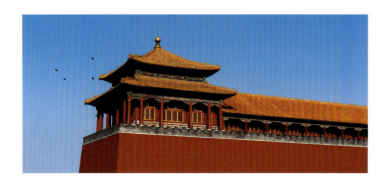

Q1 请问您从事古建筑修复工作多长时间了？

A：我从事古建筑的修复工作已经有 46 年了。

Q2 当初您是通过什么样的机缘进入这个行业的呢？

A：因为我父亲年轻时候学过木匠，后来又在北京的建筑公司里工作，所以我也想要学木匠。北京故宫里古老建筑队的木匠是全国手艺最高的，我就到了故宫开始学木匠。

您刚到故宫工作时是什么情况呢？

A：开始学木匠时我们有两个组，一个组叫大木工组，另一个组叫小木工组。后来老师跟我说，修宫殿的因为构件大所以叫大木匠，小木匠就是做家具以及一些小物件等。这些工作分出来了大木匠、小木匠，于是我就干上了大木匠，这一干就是一辈子。

 修复文物时有什么注意事项吗？

A：我们修复文物建筑也好，古建筑也好，应该遵循文物保护法的原则。要最小干预和不改变文物原状，我觉得这是最核心的内容。在这基础上，我觉得我们要应保尽保，尽最大可能把老的材料保留下来，对每一个构件做详细的分析，看看还能不能在这个位置上服务。

一直做一件事情会不会枯燥呢？

A：中华民族的文化是一脉相承的。中国的古建筑文化传承了几千年，这对我是一个吸引，在这种文化的归属感下，这个工作一点都不枯燥。

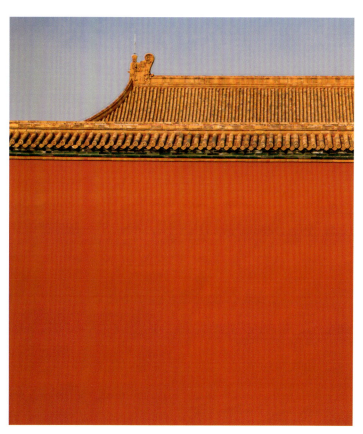

谢谢您的分享。最后您有什么想对看这本书的小朋友说的话吗？

A：我觉得喜欢的东西要多做尝试。我们对孩子应该多启发、多教育，鼓励他们发挥自己的兴趣，提高创造性。我个人还有一个看法，多动手能使人更聪明，对于智慧的发展有很大的帮助。

建筑

出发！前往故宫

故宫初步建成于1420年，至今已有600多年的历史。故宫庄重威严，金碧辉煌，它的建筑宏伟壮丽，庭院明朗开阔。作为中国明清两代的皇家宫殿，它体现了中国古代建筑工艺的最高水准。

故宫小名片

- 南 北 长：961米
- 东 西 宽：753米
- 宫　　墙：高12米长3400米
- 占地面积：72万平方米
- 建筑面积：约15万平方米

在古代，故宫的前部叫做前朝，是办公区，是商讨国家大事之处。后部是后宫，是皇帝的生活区域。

故宫从诞生之初就伴随着维修和改建，相关的技艺一直流传了下来，并在2008年入选了国家级非物质文化遗产名录，让我们走进故宫一起参观学习吧！

小游客，不要迷路了，快来领取右边的地图！

仔细观察，你会发现地图是对称布局的，也就是中线的左边和右边非常相似。

这么多建筑并不是随意搭建的。古代匠人们在建造前先画好规划图，一步一步地建造出整个故宫。地图中间的竖线叫做中轴线，故宫里重要的建筑都排列在中轴线上，次要建筑排列在中轴线两旁。这样的排列非常好看，庄严和谐，圆满吉祥。

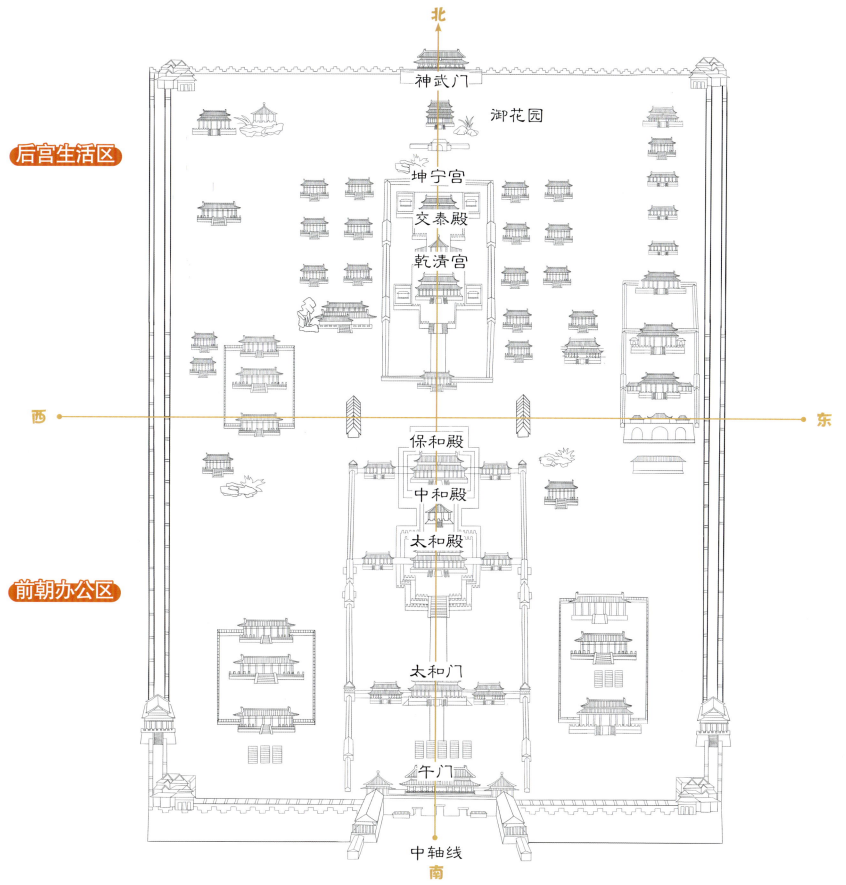

建筑

神奇的"八大作"

故宫的建造、维修技艺叫做"官式古建筑营造技艺"。作为国家级非遗，它并不是单一的一项技艺而是多项技艺的组合体，又称为"八大作"，包括土作、搭材作、木作、石作、裱糊作、油作、瓦作和彩画作。

土作
在建造前，需要先打地基，夯实地面，确保地面不会塌陷。故宫宫殿地基的做法非常复杂。

搭材作
建造房屋前要先绑扎工程架，做好准备。

木作
使用传统工具把木材制作成对应的部件，组合安装起来。

石作
选好适合的石材，雕刻成精美的石雕。

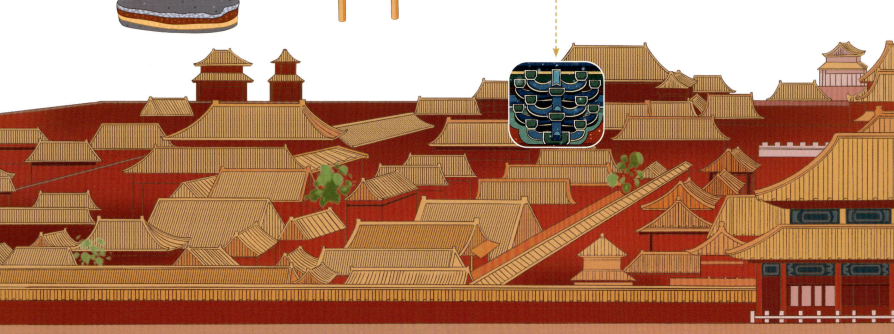

裱糊作
制作外柔内韧的纸张，为窗户、墙壁等粘贴精美的装饰。

油作
建筑的各个部分都需要增加层层保护，做好保护层后，再刷上漂亮的颜色。大面积的墙壁使用红色。

彩画作
为建筑绘画图案和插图用于装饰。多使用青蓝墨绿等冷色系。

瓦作
瓦作工艺主要体现在古建筑的地面、墙面、屋顶三部分，最耀眼的肯定是我们看到的黄色琉璃瓦。

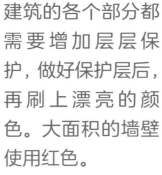

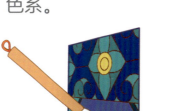
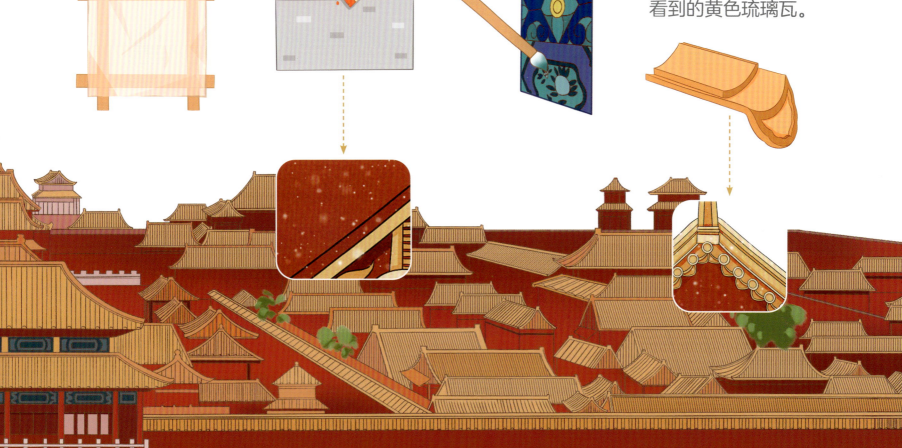

木作的代表——榫卯结构

参观故宫时，你会发现很多地方都大量使用了"木作"，因为故宫是世界现存最大、最完整的木质结构古建筑群。下面我们一起认识一下故宫最经典的木作工艺，看看匠人们如何用木头建造美丽的故宫。

古建筑界的神奇积木

在我国古代的建筑界，有这样一个"神器"，它有凹凸两种结构，古人利用空间和机关将其进行组合，巧妙地把两根柱子结合在一起，它就是榫卯！

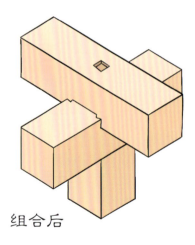

比汉字还要历史悠久

中国榫卯起源于距今约 7000 年前的河姆渡时期，其历史之悠久甚至超过了汉字。它是古代中国建筑、家具及很多器械的主要结构方式。

"斗拱"——榫卯最好的舞台

探出呈弓形的承重结构叫拱，拱与拱之间垫的木块叫斗，斗上加拱，拱上加拱，层层叠加，起到支撑作用。斗拱上面的榫和卯互相咬合，让木块紧密地结合在一起。

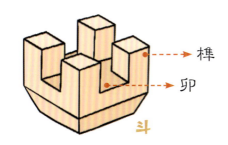

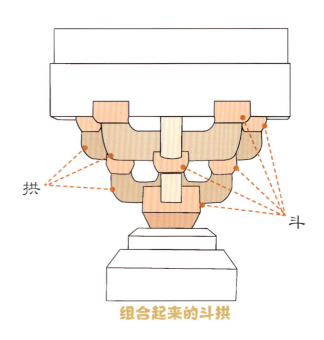

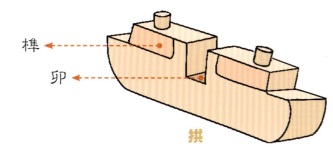

斗拱好复杂，为什么会有这样的设计？

斗拱主要有四个非常重要的作用。

1. 让屋顶的力可以传导到柱子上。
2. 成为建筑精美的装饰。
3. 向外扩展的造型，让屋檐更加漂亮。
4. 地震时可以更好地保护房屋。

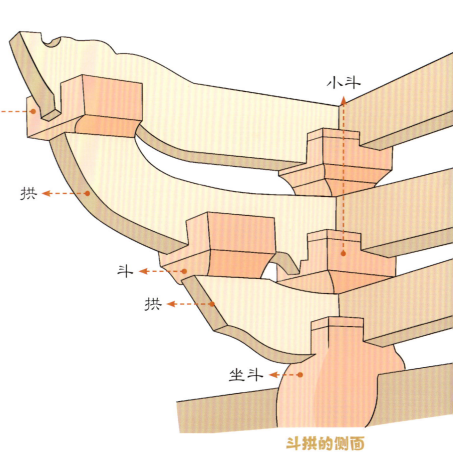

"小怪兽"和瓦作

故宫金碧辉煌,其中太和殿是故宫内体量最大、等级最高的建筑。接下来我们以太和殿为例,来看看故宫的精致瓦作吧!

我可不是怪兽,我的名字是脊兽,我们可大有来头,脊兽的数量代表建筑的等级,等级越高,建筑屋脊上的脊兽数量越多。我们故宫脊兽可是中国古建筑中唯一有十个同伴的。

Q: 脊兽、脊兽,你属于八大作中的什么技艺呢?
A: 很多人都误会我们是"石作",其实我们属于瓦片的一种,自然是"瓦作"。早在汉代就有人用琉璃瓦制作出来了。

Q: 可爱的脊兽!你为什么出现在房顶上呢?
A: 我们脊兽不仅是精美的装饰,还有大作用。我们负责保护木栓和铁钉,防止漏水和生锈,对脊的连接部起固定和支撑作用。

Q: 可以为大家介绍一下屋顶常见的瓦件吗?
A: 当然可以,屋顶常见的瓦件有滴水、勾头、瓦钉、底瓦、筒瓦、套兽、走兽、戗兽、垂兽、正吻、宝顶。

你好,请问能介绍一下自己吗?你是什么怪兽?

脊兽们都叫什么名字？

可爱的脊兽都来自古代的神话传说，最前面的是骑凤仙人，他不算脊兽，是小分队的领队，垂脊上其余的小兽从下往上依次是龙、凤、狮子、天马、海马、狻猊（suān ní）、狎鱼（xiá yú）、獬豸（xiè zhì）、斗牛、行什（háng shí）。

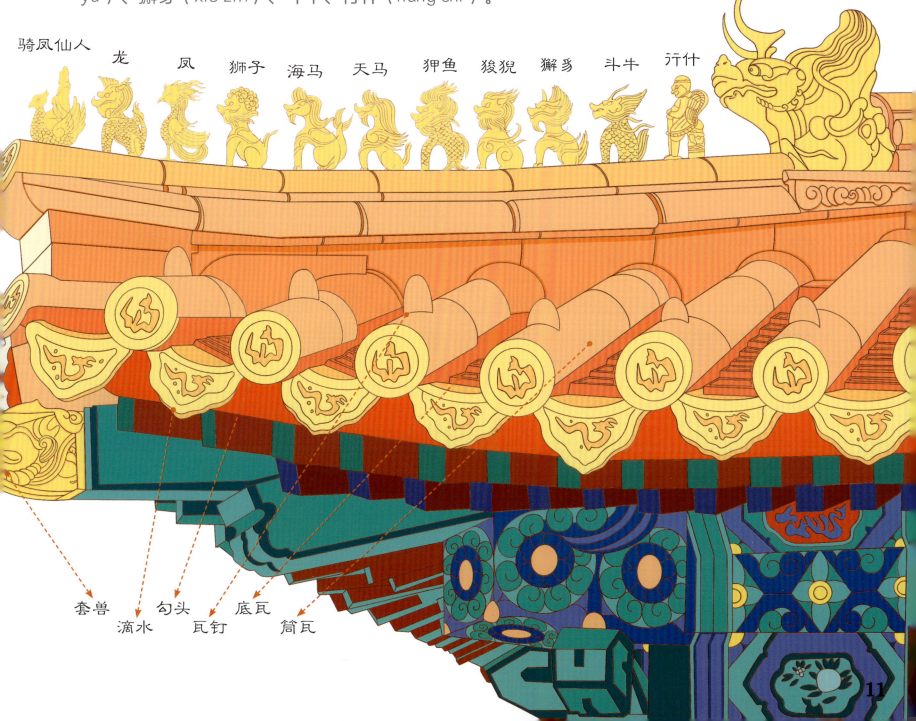

故宫小相册

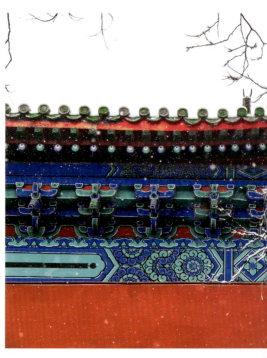

非遗档案

遗产名称:	香山帮传统建筑营造技艺
公布时间:	2006年（第一批）
非遗级别:	国家级
非遗类别:	传统技艺
项目编号:	Ⅷ-27
申报地区:	江苏省苏州市
简　　介:	香山帮传统建筑营造技艺被誉为苏式建筑的杰出代表，它将建筑技术与建筑艺术融为一体，是中国古代建筑业的重要流派。

苏州园林的旅行

· 香山帮传统建筑营造技艺 ·

南朝四百八十寺，多少楼台烟雨中。——《江南春》杜牧

苏州园林的诗情画意

苏州素有"园林之城"的美誉，而苏州园林是对位于苏州市内的中国古典园林的总称。苏州境内私家园林始建于公元前6世纪，清末时城内外有园林170多处，现存50多处。

唐代诗人张继途经寒山寺时写下名篇《枫桥夜泊》，诗中的枫桥和寒山寺都位于苏州。夜半下船的大诗人来到美丽的苏州，记录下了那时那景下的苏州园林。

姑苏：苏州的别称，因城西南方有姑苏山

寒山寺：在枫桥附近，始建于南朝梁代

江枫：江指吴淞江，俗称苏州河

枫桥：位于今苏州市虎丘区

夜半钟声：这里有个非常有趣的小故事，宋代文学家欧阳修认为张继写的不符合事实，怎么可能半夜有钟声呢？后经证实当时苏州和邻近地区的佛寺，有打半夜钟的风俗。

《枫桥夜泊》
月落乌啼霜满天，
江枫渔火对愁眠。
姑苏城外寒山寺，
夜半钟声到客船。

欢迎来到姑苏城，我们一起出发去欣赏美景吧！

苏州园林的历史发展

苏州古典园林溯源于春秋，发展于晋唐，繁荣于两宋，全盛于明清。

春秋吴国
吴王宫苑多建于太湖山水之中，是苏州古典园林的开始。

晋唐
江南风格的庄园建园活动开始兴起，在庄园中感受山水乐趣尤为盛行。

宋代
宋代是园林艺术大规模发展时期，造园融入了写意山水艺术，出现了很多私家园林。

明清
苏州园林兴建达到高峰。官僚绅士争相造园，史称苏州半城园亭，也被誉为"园林之城"。

建筑

香山帮与世界级宝藏

江南木工巧匠皆出于香山

苏州香山位于太湖旁边，史书有着"江南木工巧匠皆出于香山"的记载。

天才建筑大师——蒯祥

"香山帮匠工"的鼻祖是明朝人蒯（kuǎi）祥。蒯祥年少成名，明朝迁都北京后他负责修建天安门城楼和故宫三大殿等建筑，当时他才18岁。之后皇帝大加赞赏，称他为"蒯鲁班"。

逐渐发展的香山帮

早期香山帮匠工的工种以木工、泥水工为主，后来随着建筑雕刻风格日益细腻烦琐，其分工也越来越多，成了掌握多种建筑技艺的庞大群体。天安门、苏州园林等建筑也成了匠人们心中膜拜的标志性作品。

北京颐和园

苏州拙政园

香山帮鼻祖——蒯祥

世界级的宝藏和国家级的技艺

苏州园林的优秀作品分两批入选了《世界遗产名录》。2006年,苏州园林的建造技艺"香山帮传统建筑营造技艺"也入选了国家级非遗名录。

1997年入选:拙政园、留园、网师园、环秀山庄

2000年入选:沧浪亭、狮子林、耦园、艺圃、退思园

中国四大园林

北京颐和园、承德避暑山庄、苏州拙政园和留园并称为我国四大古典名园。在古代,颐和园和避暑山庄属于皇家园林,拙政园和留园是私家园林。

建筑

一起在拙政园中找建筑吧！

苏州园林的建筑就像搭积木，想搭出复杂精致的作品，就需要种类多样的积木。苏州园林建筑大体分为堂、轩、阁、舫、亭、廊等。每种类型又有多种形式，变化多样。一切的答案待我们进入拙政园，一一揭晓。

远香堂

厅堂

全园的主体建筑，是全园精华之地，众景汇聚之所。厅与堂严格上有区别，但大多统称，远香堂为四面厅。

与谁同坐轩

轩

轩是小型观景建筑，位于美景旁边供人休息。古人喜欢在轩中喝茶赏景。

荷风四面亭

小飞虹

亭

亭子有顶无墙,是供人休憩的地方,也是园林中重要的点睛建筑,素有"园林之眼"的美称。

廊

廊是连接两个建筑物的通道,上有顶棚,用来遮阳挡雨。美景也被廊巧妙地联系在一起,是构成园林景观的重要建筑。

浮翠阁

香洲

阁

阁是指下部架空,底层高悬的建筑。登高望远,美景尽收眼中。

舫

舫是仿照船的造型,在园林的水面上建造起来的一种船型建筑物,供人们游玩设宴、观赏美景。

建筑

巧妙的排布——造景手法

这么多种类的建筑却排列得非常好看，是如何做到的呢？这就是香山帮艺术的一大特点"造景"。造景有点像绘画课中讲到的构图，即通过视觉设计让园林更加深入人心、更加漂亮。下面我们介绍5种常见的造景手法。

敞景

让我们的视线不受约束，呈现一览无余的景象。如在远香堂对岸观看中部景区时，会感觉视线开阔，美景尽收眼底。

对景

让两处美景相对，以达到步移景换的效果。如待霜亭与雪香云蔚亭两处美景相对。

障景

通过遮挡、引导等方法让美景藏起来，也体现了苏州园林含蓄的特点。如从小沧浪往外看时虚时实给人变化之美的感受。

借景

借景是把远处或者邻近的景物巧妙地纳入我们眼中的方法。最经典的便是拙政园将北寺塔纳入了自己的景观中，堪称神来之笔。

水廊　与谁同坐轩

北寺塔

拙政园内

框景

让我们的视线被巧妙地框起来，集中在设计者想让我们看到的画面上，这样的造景艺术感染力非常强。如通过水廊窗户向外看，与谁同坐轩和周边景色被框在方形中。

建筑

苏州园林是个植物王国

拙政园之旅结束了，除了精美的建筑，你还对什么印象深刻呢？仔细回忆或许会发现，园林中的植物非常多，种类也很丰富，摆放位置精细巧妙。人与自然的和谐共生是中华文化的传统理念。多种多样的植物是园林密不可分的朋友。

园林建造时，深受唐宋文人写意山水画的影响，像山水画一样精致、淡雅是苏州园林的一大特点。根据山水的变化，再加上植物的点缀，才是最美的园林。

园林中都种植了什么植物？

苏州自然条件非常好，花卉和树木蓬勃生长，所以植物种类很多，同时有专门的匠人负责培植植物。下面按照观赏类型，看看植物都有什么吧！

观花类
桂、梅、荷花、牡丹、芍药、月季、栀子、紫藤、海棠、玉兰等。

观果类
枇杷、橘、珊瑚树等。

植物也有造景技艺！

点种
大一点的庭院会利用几株植物的巧妙排布让环境更美。

群植
超大面积的地方会种植树林。

孤植
种植单株植物，起到点睛的效果。

丛植
高大的树木和低矮的灌木组合可以烘托庭院气氛。

藤蔓类
蔷薇、木香、常春藤、金银花等。

竹类
象竹、石竹、观音竹、寿星竹、方竹等。

苏州园林小相册

非遗档案

遗产名称：	客家土楼营造技艺
公布时间：	2006年（第一批）、2011年（第三批）
非遗级别：	国家级
非遗类别：	传统技艺
项目编号：	Ⅷ-28
申报地区：	福建省华安县、南靖县、龙岩市
简　介：	福建客家土楼建筑是人文内涵丰富、造型功能独特的传统生土建筑。

团结的家园

「土楼」

· 客家土楼营造技艺 ·

成千上万的土楼像"天上掉下的飞碟""地上长出的蘑菇",点缀在南靖美丽的大地上,形成一道美妙绝伦的风景线,被誉为"世界上独一无二神话般的山村建筑模式"。

欢迎来到"土楼"

福建土楼是世界闻名的民居建筑,2008年被正式列入《世界遗产名录》,被称为中国传统民居的瑰宝。让我们一起去探寻土楼的秘密和历史故事吧!

什么是土楼?

土楼是世界独一无二的大型民居形式,位于福建省西南部,具有很强的防御性能。土楼以土、木、石、竹为主要建筑材料,是将沙质黏土和黏质沙土拌和后,以夹墙板夯筑而成的两层以上的房屋。

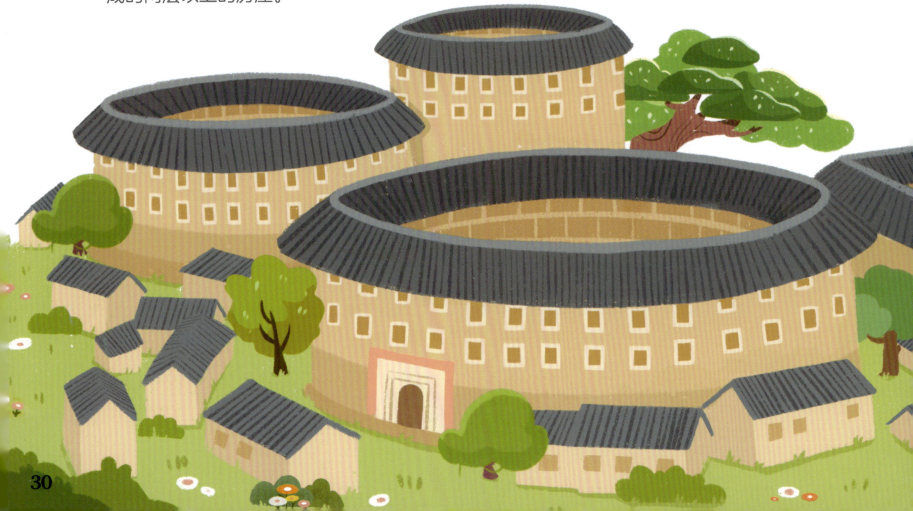

土楼是如何产生的呢？

土楼历史

土楼产生于宋元时期，成熟于明末、清代和民国时期。土楼的形成与历史上中原汉人几次著名大迁徙相关。

北方

宋元时期，当时的北方动荡不安，北方氏族开始迁徙到南方。

南方

家对于百姓来讲是非常重要的，自古以来就流传着"家和万事兴"的说法。而南方多山，为了防御山中的盗贼和野兽，既需要家族住在一起，又需要大家团结起来，于是集居住和防御功能于一体的土楼就应运而生。

土楼图鉴

土楼按照建造形状分类，主要有方楼、圆楼和异形楼，如凹字形、半圆形、八卦形等。其中方楼与圆楼最为常见，也有方圆组合而成的土楼建筑。

土楼都是圆形的吗？

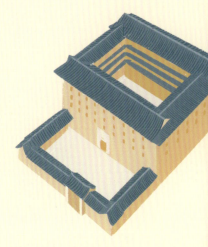

圆楼

圆楼的大门、祖堂等主要建筑都建在中轴线上，祖堂设于正中心，两边的建筑对称分布。多环同心圆楼，外高内低，楼中有楼，环环相套，环与环之间以天井相隔，以廊道相通。

方楼

方楼的平面呈方形或长方形，大多内院空敞。祖堂设在中轴线尽端的底层。内院中又套着一个方形的四合院，使楼内空间更为丰富。

很多人错误地认为圆形的才是土楼，其实土楼分为很多种。仔细看看图中都有什么样子的土楼呢？

福建土楼都在哪？

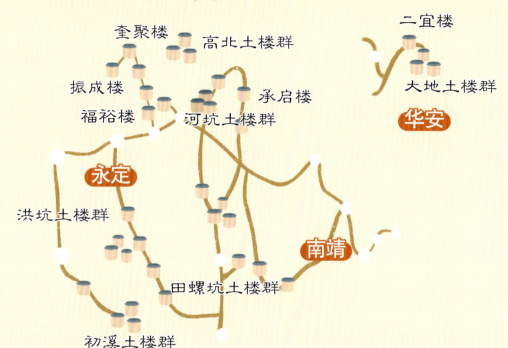

五凤楼

五凤楼的形制以"中轴三堂"为基础。屋顶样式为歇山顶，屋脊飞檐从后到前呈五个层次，犹如展翅飞翔的凤凰，错落有致、雄浑古拙，故称五凤楼。

福建土楼主要分布在福建省龙岩市永定区、漳州市南靖县和华安县。

永定区的土楼各具特色。奎聚楼是宫殿式方形土楼；福裕楼是五凤楼样式的代表作品；振成楼有着"土楼王子"的美称，是中西合璧的建筑杰作；承启楼号称"土楼之王"，是最大的圆形土楼建筑。

南靖县以田螺坑土楼群最为著名。田螺坑东、西、北面环山，南面为大片的梯田，四个圆形土楼围绕着方形土楼步云楼，被戏称为"四菜一汤"。

华安县的著名土楼是大地土楼群。大地土楼群设施齐全，楼内壁画、彩绘、木雕、楹联充满了艺术气息。

一起揭开圆形土楼的秘密

土楼的设计处处体现着人文之美。土楼是家族宗亲聚族而居的群体建筑,其内部空间结构畅通,是相亲相爱、团结互助、亲密无间的精神体现。让我们一起看看圆形土楼的设计吧!

圆楼各部分都叫什么名字?

圆楼在形制上多以一个圆心向外辐射,祖堂居中或正对大门。按空间类型和使用功能平均分配其余各层空间,每层房间的大小与设计完全相同,体现了各家各户地位平等的宗族观念。

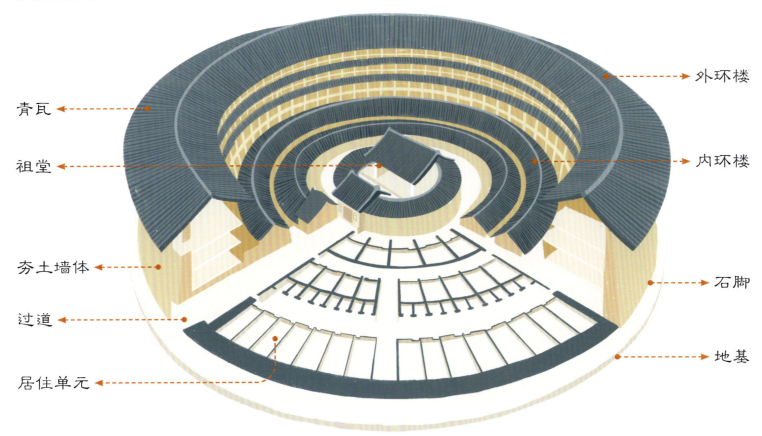

圆楼的各个地方是做什么的?

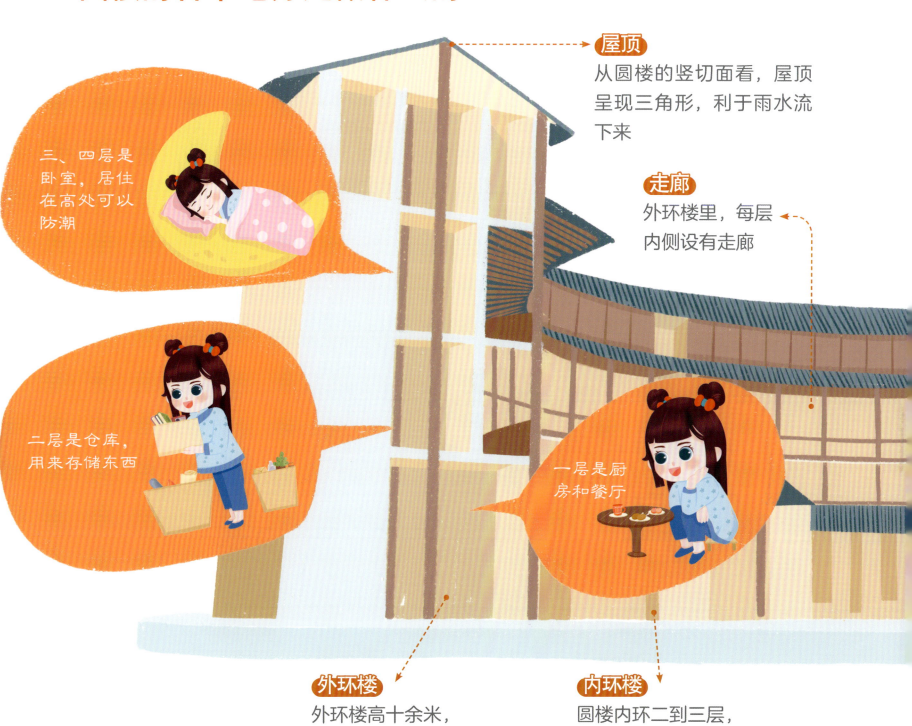

屋顶
从圆楼的竖切面看,屋顶呈现三角形,利于雨水流下来

走廊
外环楼里,每层内侧设有走廊

三、四层是卧室,居住在高处可以防潮

二层是仓库,用来存储东西

一层是厨房和餐厅

外环楼
外环楼高十余米,共有四层

内环楼
圆楼内环二到三层,一般用作客房

土楼建造计划启动！

准备材料和工具

土楼用古老的夯（hāng）筑方式造墙，其工具主要有夹墙板、杵棒、铲和大小拍板等。土楼的建造以生土为主要材料，外墙用土配方繁复且考究，需要将各种材料充分搅拌均匀，然后加水并用锄头反复翻整使其发酵。混合泥的发酵程度会直接影响土楼的使用寿命。

> 铅锤是用来检验墙壁是否垂直的工具，当墙壁和线互相平行时，墙壁就是垂直的。

> 墙筛是用来夯土版筑的模具，把土倒进去用杵棒捣坚实就成为墙。模具高大约0.5米，长度是1.5米到2米。
>
> 夯土版筑技术从千年以前的殷商就存在了，商代广泛应用于建造宫室和陵墓，大禹时代更用于修堤筑坝。之后随着汉人迁徙，夯土技术传播到南方。

选址非常重要

建造土楼之前,匠人们会先根据地形、地势选址定位。土楼大多分布于重峦叠嶂的山区,因此,选择理想的居住环境至关重要。

我国的建筑文化注重有效利用自然环境,使村落、房屋与环境相协调,让人与自然和谐相处。

千年前夯土版筑的土墙

建筑

选址完成，材料准备完毕，开始建造土楼！

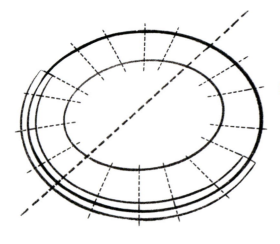

1. 开地基

首先确定圆楼的规模，如楼层数、房间数和半径。之后用绳子绕圆心画圆并划分房间。根据画好的布局开挖地基。

2. 打石脚

挖好基槽后需要垫墙基和砌墙脚，称为"打石脚"。墙基用大块卵石垒砌，卵石大面朝下，再用小卵石填塞缝隙。

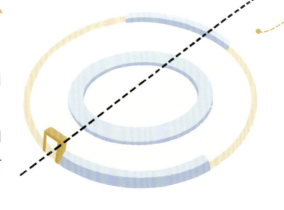

3. 夯筑土墙

砌好墙脚便开始支模板夯筑土墙，俗称"行墙"。一副模板筑成的一段土墙俗称一"版"。

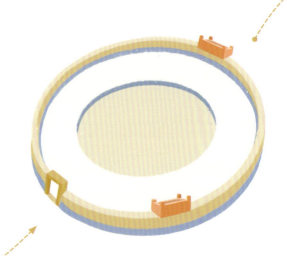

38

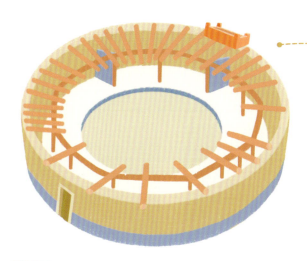 

4. 献架

每夯好一层楼高的土墙，就要在墙顶上挖出搁置楼层木龙骨的凹槽，然后由木工竖木柱、架木梁，称为"献架"。

5. 出水

大型土楼通常一年只建一层，所以三四层的土楼通常要建三四年。夯好顶层墙体后开始盖瓦顶，称"出水"。

6. 装修

土楼封顶之后，内外装修工作大致又需要一年的时间。内装修包括铺楼枋、装门窗和马面、安走廊栏杆、架楼梯、装饰祖堂等。外装修包括开窗洞、粉刷窗边框、安门窗、装饰入口、制楼匾和门联、修台基和石阶等。

建筑

土楼小相册

非遗档案

遗产名称:	北京四合院传统营造技艺
公布时间:	2011年（第三批）
非遗级别:	国家级
非遗类别:	传统技艺
项目编号:	Ⅷ-208
申报单位:	中国艺术研究院
简　　介:	北京四合院传统营造技艺是采用木、瓦、石、砖等传统材料和北方传统匠作做法的民居营造技艺。

天下闻名的京城四合院

· 北京四合院传统营造技艺 ·

悲欢几世醉中堂，日月东西照两厢。不出门廊菊花绽，每登阶石仕途扬。

四合院的悠久历史

四合院,又称四合房,是一种中国传统的高档合院式建筑,其格局为一个院子四面建有房屋,从四面将庭院合围在中间,通常由正房、东西厢房和倒座房组成。

最早的四合院是什么样子的?

中国已知最早的四合院出现在西周时期。出土于陕西岐山一带的院落遗迹被认为是合院建筑的鼻祖。随后在魏晋南北朝继续发展,并成为中国主流的住宅形式。

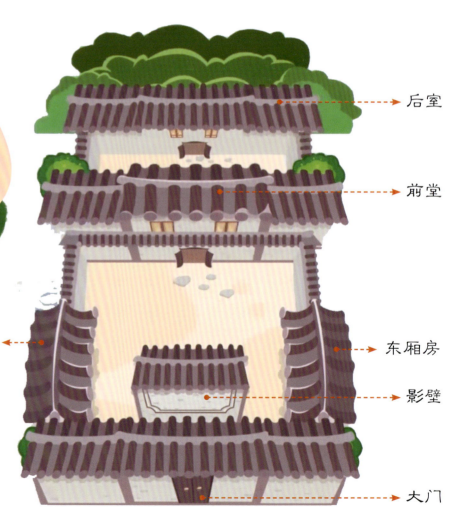

北京四合院是如何兴起的？

元代

公元1271年，元朝建立，定都北京，北京开始成为国都，其城市建设开始有了划时代的变化。元大都是当时举世闻名的大都市，建有大规模的民居，最具代表性的便是胡同和四合院。

"云开闾阖三千丈，雾暗楼台百万家。"——黎崱《都城》（元）这里的"百万家"，便是指如今所说的北京四合院。

明代

明王朝建立后，经济快速发展，都城从南京迁到北京。明代住宅仍沿袭了元代四合院的形式，制砖技术空前发达，建筑业和住宅建设得到了快速发展。

清代

清代完全承袭了明代北京城的四合院建筑风格，官员和富商们开始修建大、中型四合院。

现存的北京恭王府是大型四合院的代表，也是清代规模最大的一座王府建筑群，有着"一座恭王府，半部清代史"的说法。

建筑

走进大门一起看看四合院吧!

四合院中的"四"指东、西、南、北四面,"合"即四面房屋围在一起,形成一个"口"字形的结构。

一眼看过去便是大门

门对于住宅是非常重要的。在古代,门有严格的等级和形制,所以有着门当户对的说法。但是不管何种等级的门,都有着相似的结构。我们一起看看四合院的大门结构吧!

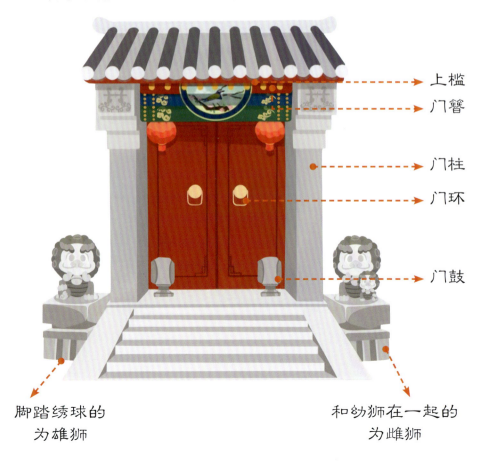

- 上槛
- 门簪
- 门柱
- 门环
- 门鼓

脚踏绣球的为雄狮

和幼狮在一起的为雌狮

门环,是安装在门上的拉手,供叩门使用。中国的门环常以兽头状的铺首作为底座,嘴下衔一环,以作驱妖避邪,避祸求福。

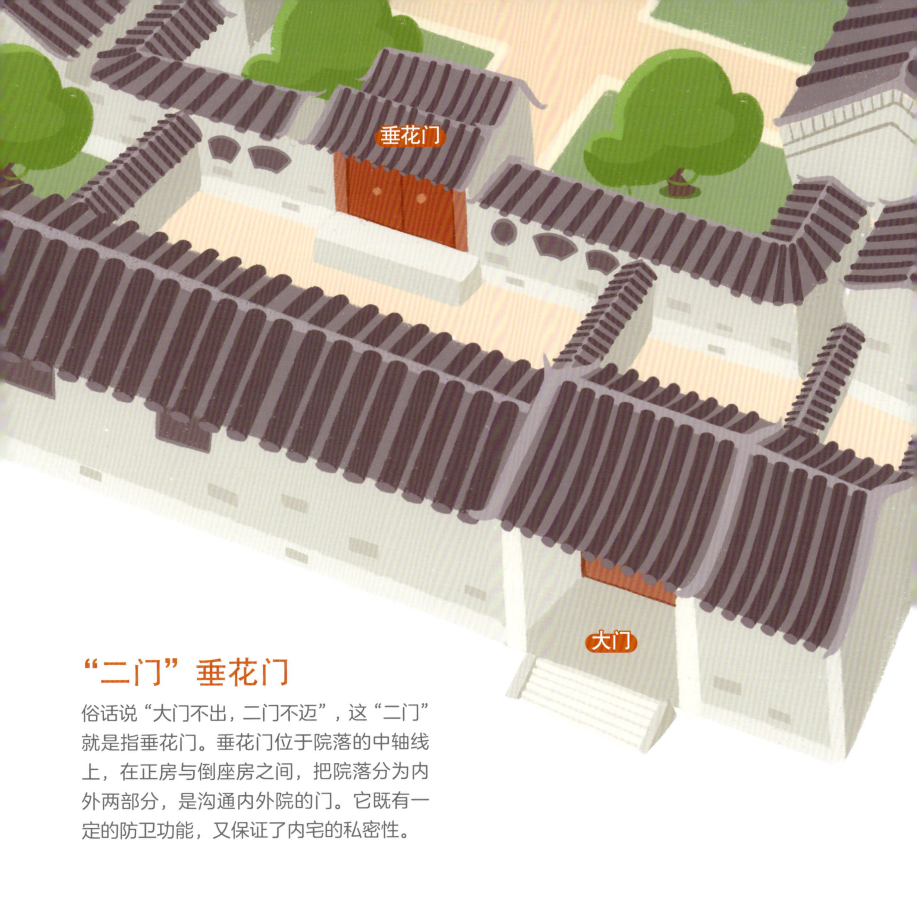

"二门"垂花门

俗话说"大门不出,二门不迈",这"二门"就是指垂花门。垂花门位于院落的中轴线上,在正房与倒座房之间,把院落分为内外两部分,是沟通内外院的门。它既有一定的防卫功能,又保证了内宅的私密性。

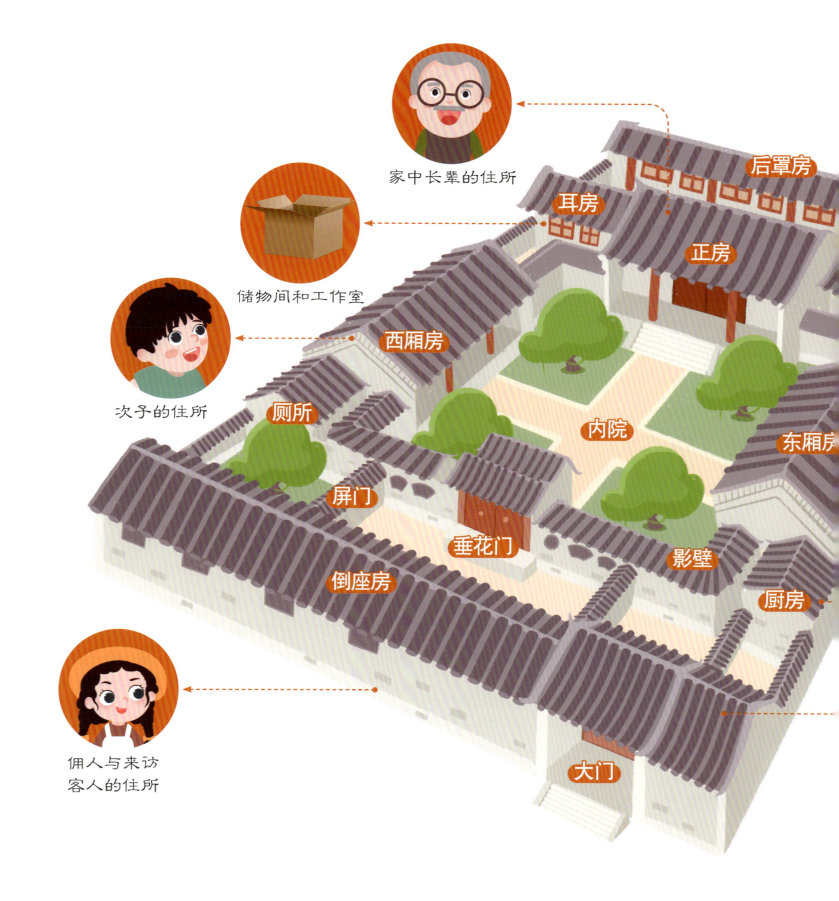

女儿的住所

耳房

书房

长子的住所

生火做饭

厨师与门卫的住所

四合院的房间都属于谁？

四合院对家庭成员的房屋安排有严格的规定，反映了中华文化的家庭观念。具体安排为"北屋为尊，两厢次之，倒座为宾，杂屋为附"，即老人住北房（上房），中间为大客厅（中堂间），长子住东厢，次子住西厢，佣人住倒座房，女儿住后院，要求长幼有序、互不影响。

天人合一

四合院追求"天人合一"的思想境界，要求景观、动物、建筑结合在一起悠然自在、融于自然。无论是院中的绿植还是门窗的花纹，处处体现着人与自然之美。得天时，有地利，材又美，做工巧，合此四者，方为良居。

"祸起萧墙"与影壁

春秋时期，鲁国的大臣季康子权势极大。他为了扩大自己的权势，以子孙受到威胁为由想要出兵征伐附近的颛臾。孔子听说这件事以后说："我想季氏的忧患，恐怕并不是来自颛臾，而是来自萧墙之内吧。"一语点破了季氏欲征伐颛臾的真正原因。"祸起萧墙"的成语就是源自孔子的这句话，用来警醒世人小心遇到内部的危险。

古时所说的萧墙，就是现在的影壁。影壁可以防止人们从外面一眼看到房子的内部，让院子成为一个私密空间。旧时传说影壁可以阻挡外面的危险，有着安居的美好寓意。

四合院的种类

四合院坐北朝南,以中轴线贯穿。家中人口较多时,可以建设两组合院前后南北相连。更大的宅院可以建设三个或四个合院,亦为南北相连。

一进院落
一进院落由倒座房、东西厢房和正房组成,呈现"口"字形,是最小型的四合院。

二进院落
二进院落是民居中最常见的类型,由内外两个院落组成,呈现"日"字形。

三进院落
三进院落是最标准的四合院形式,在二进院的基础上又多了后院,呈现"目"字形。

四进院落

四进院落也被称为"前堂后寝"。由南至北依次是倒座房、第一进院、垂花门、第二进院、正房、第三进院、正房、第四进院和后罩房。

五进院落

五进院落没有倒座房，是连续的五个大院连在一起。《红楼梦》中的贾府就是五进大院。

> 四合院建造时是分等级的，越高等级的四合院设计也越复杂。

> 等级的划分不仅体现在院落规模上，在屋顶、大门和装饰上，根据主人身份的不同等级也不同。

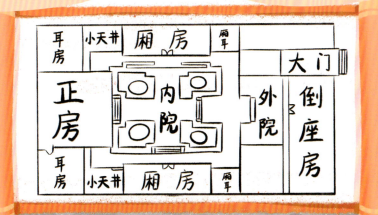

四合院小相册